DISCOURS

Prononcé le Dimanche 7 juin 1891

PAR

M. le Comte d'HAUSSONVILLE

AU 8ᵉ BANQUET ANNUEL

DE L' « ASSOCIATION DE LA PRESSE DÉPARTEMENTALE »

PARIS

LIBRAIRIE NATIONALE

104, AVENUE VICTOR-HUGO, 104

—

1891

DISCOURS

Prononcé le Dimanche 7 juin 1891

Par M. le Comte d'HAUSSONVILLE

DISCOURS

Prononcé le Dimanche 7 juin 1891

PAR

M. le Comte d'HAUSSONVILLE

AU 8ᵉ BANQUET ANNUEL

DE L' « ASSOCIATION DE LA PRESSE DÉPARTEMENTALE »

PARIS

LIBRAIRIE NATIONALE

104, Avenue Victor-Hugo, 104

1891

DISCOURS

Prononcé le Dimanche 7 juin 1891

Par M. le Comte d'HAUSSONVILLE

AU 8ᵉ BANQUET ANNUEL

DE L' « ASSOCIATION DE LA PRESSE DÉPARTEMENTALE »

Messieurs,

N'ayant d'autre titre pour prendre la parole à ce banquet que la haute mission dont Monseigneur le Comte de Paris m'a fait récemment l'honneur de m'investir, vous ne vous étonnerez pas que ma première pensée soit pour ceux qui ont été avant moi honorés de cette même mission et que je vous demande d'adresser tout d'abord l'hommage de nos souvenirs et de nos regrets à l'homme éminent qui, au cours d'une vie de travail et d'activité, s'est aperçu le premier et le seul qu'il venait d'entrer dans sa quatre-vingt-unième année, et qui, atteint d'un mal heureusement passager, où il a voulu voir un avertissement de la Providence, a résolu de faire ce que faisaient autrefois quelques-uns de nos pères, lorsque, suivant une belle expression qui leur était familière, « ils mettaient un intervalle entre la vie et la mort. » A ce témoignage public de votre reconnaissance à tous pour les services qu'il a rendus à notre cause, vous me permettrez de joindre celui de la mienne pour la paternelle bonté dont j'ai toujours éprouvé de sa part les effets, pour l'empressement avec lequel, dans les circonstances difficiles ou même pénibles que j'ai déjà traversées, il m'a donné ses conseils, toutes les fois que je les lui ai demandés, pour le scrupule qu'il apporte à me les offrir. Enfin, à ce double témoignage j'ajouterai l'expression d'un vœu auquel vous vous associerez tous : c'est que l'intervalle dont je parlais tout à l'heure soit assez prolongé pour qu'il goûte cette suprême récompense (et qui lui est bien due) d'assister au triomphe définitif de la cause qui lui est chère, et dont il aura fait plus que personne pour préparer le succès.

Je vous demande également, messieurs, un souvenir pour l'homme excellent et éloquent au dévouement duquel le Prince et M. Bocher lui-même, au lendemain d'un deuil cruel, avaient fait appel, qui, au banquet du 4 juillet 1886, vous adressait des paroles vibrantes où s'affirmait sa foi dans la Monarchie, et qui, après avoir pris sa bonne part de notre premier et beau succès de 1885, a succombé d'une fin prématurée, au lendemain d'une lutte pour lui moins heureuse, laissant à son fils des traditions d'honneur et de fidélité dont tous ceux qui le connaissent savent qu'il ne s'écartera jamais.

Enfin, messieurs, vous ne vous étonnerez pas que je rappelle le langage tenu l'année dernière à l'occasion de ce même banquet par un homme dont je ne dirai rien autre chose sinon que la considération dont il est entouré dans sa retraite pourrait le consoler, s'il en avait besoin, des injustices dont il a été autrefois l'objet, et qui, à l'heure où certaines hésitations se laissaient déjà deviner, nous exhortait fièrement à être monarchistes « à bouche ouverte et à drapeau levé ». Image et paroles saisissantes dont je me suis inspiré moi-même, lorsque, dans un discours récent auquel les circonstances ont donné un retentissement dont nul n'a été plus surpris que moi, je n'ai point fait autre chose qu'ouvrir la bouche et lever le drapeau.

C'est maintenant mon devoir de remercier en notre nom tous ceux d'entre vous, messieurs les membres du Parlement, qui, fidèles non pas seulement à leurs convictions intimes, mais au sentiment véritable des électeurs qui les ont nommés, ont bien voulu s'associer à cette manifestation annuelle et traditionnelle de la presse monarchique. Je suis d'autant plus heureux de constater votre présence à ce banquet en nombre plus

*

grand que les années précédentes, que c'est pour moi l'occasion toute naturelle de répondre à cette légende mise parfois en circulation par des gens malveillants ou mal informés, — vous est-il parfois arrivé, messieurs, de rencontrer des gens malveillants ou mal informés ? — qu'il existait je ne sais quel dissentiment occulte entre vous, messieurs les parlementaires, et ceux que j'appellerai les militants, dont je me trouve être, je ne dirai pas le chef, mais le représentant.

Je suis heureux de proclamer, au contraire, que cela n'est point exact et qu'il y a entre vous et nous non point divergence d'opinion, mais tout simplement différence de situation. Nous comprenons parfaitement en effet que, membres d'une assemblée non point constituante, mais législative, dont le pays a lui-même défini et limité le mandat, vous ne perdiez point votre temps à soulever en pure perte, devant cette assemblée, des questions qu'il est au contraire de notre devoir, à nous, de rappeler sans cesse au pays. Nous comprenons parfaitement que, sans rien abdiquer de vos convictions ni de vos espérances, vous concentriez, au contraire, tous les efforts de votre talent et de votre activité sur la défense des intérêts conservateurs et religieux dont vous avez la garde, et cela, avec d'autant plus de raison que, sur ce terrain, il vous est plus facile de maintenir dans le Parlement l'union nécessaire, soit avec ceux qui n'ont point renoncé à des espérances dynastiques différentes des nôtres, soit avec des amis d'hier et de demain, dont nous sépare aujourd'hui un dissentiment passager sur lequel je veux d'autant moins insister que j'ai eu naguère le regret et le devoir d'en marquer plus nettement le caractère.

Et c'est pourquoi, messieurs les membres du Parlement, si vous me permettez l'expression d'un vœu qu'assurément vous ne prendrez point en mauvaise part, ce vœu serait que vous continuiez d'exercer, comme vous l'avez fait jusqu'à présent, le mandat qui vous a été confié. Nous vous demandons en effet de continuer à prendre dans toutes les grandes discussions la part qui revient à votre compétence et à votre talent, et de n'en laisser passer aucune sans y faire entendre votre voix. Nous vous demandons d'être préoccupés moins des conséquences parlementaires de vos votes, moins de soutenir ou de renverser des ministères dont, à ce qu'il nous semble, vous ne devez pas avoir cure, que de demeurer d'accord avec l'opinion conservatrice dont vous êtes les représentants et, comme c'est, passez-moi la familiarité de l'expression, votre métier d'opposition, de parler moins à la Chambre, qui ne vous écoutera jamais, qu'au pays, qui vous écoute et qui un jour connaîtra les siens.

Nous vous demandons enfin de ne pas vous laisser arrêter par ces vains reproches d'obstruction que les membres d'une majorité tyrannique adressent toujours à ceux d'une minorité récalcitrante, et de ne pas vous lasser, comme vous l'avez fait souvent, de porter à la tribune vos légitimes griefs. Et certains d'ailleurs que vous êtes aussi soucieux que nous de l'avenir et des intérêts de la monarchie, certains également que, tantôt par des comparaisons faciles, tantôt par des allusions heureuses, vous ne manquerez pas, quand l'occasion s'en offrira, d'établir sa supériorité ou de rappeler son souvenir, nous sommes heureux de déclarer que nous donnons notre pleine et entière adhésion à la direction si ferme et si modérée en même temps que vous imprime l'homme considérable que vous avez la sagesse de maintenir à votre tête ; de constater ainsi publiquement l'entente complète et cordiale qui règne entre vous et nous.

Pour vous, messieurs les représentants de la presse des départements, qui avez bien voulu nous inviter ce soir, vous êtes au premier rang de ces militants dont je parlais tout à l'heure et, pour employer une expression qui rappelle à quelques-uns d'entre nous de douloureux, mais aussi de fiers souvenirs d'il y a vingt ans, vous êtes toujours de grand'garde. C'est vous qui recevez les premiers coups, mais aussi vous savez les rendre, et je vous félicite de le faire avec usure. Je ne voudrais assurément rien dire de désobligeant pour cette grande presse parisienne dont nous nous félicitons de voir à cette table les représentants, et qui soutiennent si haut l'honneur du journalisme français. Mais eux-mêmes ne m'en voudront pas de dire que les services que la presse de province rend chaque jour à la cause monarchique, pour être peut-être moins éclatants, n'en sont pas moins considérables, ni surtout moins méritoires.

Nous n'avons, en effet, aucune idée, nous qui vivons à Paris, de cette vie large et facile d'où la vivacité des divergences politiques n'exclut pas (et j'en jouis plus que personne) la courtoisie des rapports personnels ; nous n'avons aucune idée de l'âpreté de ces luttes de province, où les polémiques sont d'autant plus violentes et plus personnelles qu'elles se livrent sur un champ plus restreint. Nous n'avons aucune idée des vexations, des vengeances auxquelles sont exposés ceux qui, comme vous, messieurs les journalistes, combattent chaque matin le bon combat à visage découvert, et qui ont assumé la tâche de dénoncer sans trêve les abus, les scandales dont ils sont témoins, ou les persécutions dont nos amis sont l'objet, au risque d'attirer sur eux-mêmes les représailles d'adversaires qui voudraient enlever à leurs victimes jusqu'au droit de faire retentir leurs plaintes.

Je serais d'ailleurs bien ingrat si je ne remerciais les représentants de la presse de province du concours chaleureux et des encouragements que j'ai rencontrés chez eux, depuis le jour où Monseigneur le Comte de Paris, faisant appel à mon dévouement, m'a confié la lourde,

**

mais singulièrement glorieuse tâche de rendre à notre parti quelque chose de cette ardeur et de cette foi qui permet de triompher des difficultés du présent et qui prépare les victoires de l'avenir. Nulle part et par personne n'a en effet été mieux compris ce que je me suis proposé, ce que je me propose encore de faire, c'est-à-dire non pas comme, avec un zèle un peu trop empressé et contrairement à ce que j'avais dit d'une façon formelle, on m'en a prêté l'intention, de rompre le faisceau des forces honnêtes de la France, qui doivent au contraire, et plus que jamais, se serrer les unes contre les autres ; non pas de dénoncer à l'avance avec une maladresse intempestive ces alliances électorales qui demeurent toujours le droit et qui sont parfois la nécessité des minorités opprimées par une majorité tyrannique, mais tout simplement de revendiquer (non pas assurément le premier et le seul), pour notre parti, ce que j'appellerai le droit à l'existence, c'est-à-dire le droit de dire tout haut, nettement, clairement, ce qu'il est, ce qu'il veut et où il prétend conduire le pays. Et si le coup de clairon que j'ai cru nécessaire de donner pour rallier des troupes ébranlées n'a été écouté par personne plus allégrement que par vous, messieurs de la presse de province, c'est, j'ose le dire, que vous vivez plus près que nous de la vraie France, de cette France conservatrice, de cette France chrétienne, de cette France monarchique (dans les réalités de la vie politique, ces trois mots ne sont-ils pas, ou peu s'en faut, synonymes ?), de cette France qui ne comprend rien à nos découragements, qui serait sévère à nos défaillances, qui veut qu'on parle, qu'on agisse surtout, et qui, comme elle continue d'être opprimée et de souffrir, veut aussi qu'on continue de lutter et de protester en son nom.

Je ne voudrais pas, messieurs de la presse, qu'on pût m'accuser de témoigner la reconnaissance que je vous dois par une flatterie. Aussi ne vous dirai-je pas que vous exercez un sacerdoce. Si je me servais de cette expression un peu démodée, vous seriez les premiers à sourire, car vous savez mieux que personne que, pour entrer dans votre ordre, les épreuves ne sont pas très longues, ni les examens très difficiles à subir. Mais je vous dirai que vous exercez un grand rôle. Vous êtes les informateurs et presque les éducateurs du suffrage universel, et de ce chef une lourde responsabilité vous incombe. Je ne suis pas encore très vieux, — d'aucuns trouvent même, et peut-être avec raison, que je suis encore trop jeune, — et cependant j'ai déjà vu s'opérer une révolution dans le rôle de la presse. Je me souviens de l'effet que produisait dans Paris, il y a quelque vingt-cinq ou trente ans, tel ou tel article d'un de ces maîtres du journalisme d'alors, qui s'appelait Prévost-Paradol, Weiss, Edouard Hervé. On le lisait le matin, on le commentait le soir. On se l'arrachait le lendemain, quand le numéro était devenu introuvable, et parfois, suprême honneur, il était poursuivi le surlendemain. Mais pour grand que fût cet effet, il ne se produisait que dans un cercle restreint; la France vivait politiquement sous le régime du suffrage universel, mais la presse ne s'adressait encore qu'aux censitaires de M. Guizot et aux « capacitaires » de M. Thiers. Elle ne pénétrait guère que dans les salons ou dans les clubs, tout au plus dans les cafés.

Aujourd'hui il n'en est plus de même; la presse pénètre partout, jusque dans les chaumières et les cabarets; elle s'adresse à tous, aussi bien au banquier ou à l'homme du monde qui se rend à la Bourse ou au cercle, qu'au paysan qui va aux champs ou à l'ouvrier qui sort de son atelier; et chaque jour elle jette par milliers, ce n'est pas assez dire, par millions, aux quatre vents du ciel ses nouvelles et ses appréciations. Et de quel jour date cette révolution? Du jour où l'un de ces maîtres du journalisme dont je parlais tout à l'heure a jeté à travers les assises obscures de notre société un de ces coups d'œil dont la sagacité suffit pour illustrer la vie d'un homme, et où il a découvert qu'il existait en France un large public qui avait soif de politique conservatrice et monarchique, soif d'informations étrangères, précises et sûres, soif de littérature honnête et saine, mais qui, pour apaiser cette soif, ne voulait mettre qu'un sou par jour. La publication du premier numéro du *Soleil* marque une date dans l'histoire de la presse française, car ce jour-là, on peut le dire, est née la presse du peuple, c'est-à-dire la presse de l'avenir. La presse politique à un sou est aujourd'hui en possession d'une puissance formidable et presque irrésistible, car le *Soleil* a eu beaucoup d'imitateurs, plus même peut-être que son éminent fondateur n'aurait souhaité. Faut-il davantage s'en inquiéter ou s'en réjouir? Je n'en sais rien, mais ce que je sais bien, c'est qu'il en faut prendre son parti comme des chemins de fer ou du télégraphe, et, si vous voulez là-dessus le fond de mon sentiment, je vous dirai que je suis de ceux qui s'en réjouissent, car j'y vois pour nous un procédé de pénétration populaire, j'y vois le moyen le plus direct et le plus efficace que nous ayons de parvenir dans les couches profondes de la démocratie, de cette démocratie dont on s'efforce de soulever contre nous les méfiances et les préjugés, à laquelle on voudrait persuader que ses progrès et le légitime exercice de ses droits sont incompatibles avec la Monarchie, tandis que, notre histoire tout entière est là pour le prouver, la Monarchie a toujours, au contraire, depuis Louis le Gros jusqu'à Louis XVI, secondé son développement, et s'est appuyée sur elle contre les corps privilégiés ; de cette démocratie qui nous reviendra tout entière lorsqu'elle finira par s'apercevoir que la plupart des hommes qui sont aujourd'hui au pouvoir se sont servis d'elle au lieu de la servir, et qu'après avoir été autrefois l'instrument de leurs ambitions, elle

***

est devenue l'objet de leur dédain, à moins qu'ils n'essayent de la duper par des projets fantastiques. Et lors même qu'à des conservateurs timides je devrais paraître trop hardi, je vous dirai qu'à mes yeux, celui qui ne se rend pas compte qu'à l'exception de certaines dispositions nécessaires pour faire respecter la vie privée, les bonnes mœurs et certaines choses sacrées, il faut de nos jours prendre gaillardement son parti de la liberté presque absolue de la presse, et j'ajoute : celui qui, mêlé, à quelque titre que ce soit, à la vie publique ne s'est pas cuirassé à l'avance contre toutes les attaques, les injures, les calomnies dont il pourra être l'objet, celui-là n'est pas taillé pour les luttes de la démocratie et fera aussi bien de s'abstraire dans la philosophie et dans les livres.

Je me suis adressé d'abord à vous, messieurs les membres du Parlement, et c'est un égard que je vous devais. C'est à vous que j'ai parlé ensuite, messieurs les représentants de la presse, et je vous le devais également. Me pardonnerez-vous cependant de vous dire que nous comptons ce soir à notre table des hôtes dont, au point de vue de l'avenir de notre cause, la présence me réjouit plus que celle des représentants du Parlement et de la presse ? Ces hôtes, c'est vous, messieurs les jeunes gens.

Un ancien ministre de la République, dont, il faut lui rendre cette justice, l'excessive impopularité n'a jamais

abattu le fier courage, disait naguère, dans un banquet
auquel assistaient quelques jeunes gens, qu'il fallait
regarder tomber la pluie et pourrir la monarchie. Il est
vrai que c'était dans une salle de bal mal famé qu'il
avait cru devoir convoquer la jeunesse, et c'est le lieu
sans doute qui a inspiré le style. Mais à cette parole,
dont j'ai le droit de relever l'outrage, vous faites, jeunes
gens, la plus éloquente des réponses. Car la jeunesse
ne se groupe pas autour d'une institution qui pourrit.
Combien de fois ne nous a-t-on pas dit que l'avenir
ne saurait appartenir à la Monarchie, parce que la
jeunesse tout entière est républicaine ! La vérité est que
la jeunesse, comme la France, hélas ! est divisée, et que,
s'il y a une jeunesse républicaine, il y a aussi une jeunesse royaliste, dont vous êtes, messieurs, les représentants.

Et c'est à cause de cela que je constate avec tant de
joie votre présence ici, délégations des jeunesses roya-
listes de Paris, de Lyon, de Bordeaux, de Marseille, de
Toulouse, d'Agen, de Nantes, d'Orléans, de Caen,
d'Amiens, de Lille, et j'en passe. C'est à cause de cela
que non pas seulement en mon nom, mais au nom de
tous ceux qui sont ici présents, au nom du parti et au
nom de la cause, je vous remercie et je vous salue.
Cependant, jeunes gens, je vais bien mal reconnaître
votre présence ici, car je vais en abuser pour vous offrir
ce qu'on se croit toujours en droit de donner à la jeu-

nesse, ce qu'elle n'aime guère et ce dont, au fond, elle n'a peut-être pas beaucoup plus besoin que nous qui le lui offrons : un conseil, et si vous avez l'imprudence de bien accueillir le premier, peut-être deux, peut-être trois.

Je vous dirai d'abord : Soyez... si je parlais la langue du jour, je vous dirais : Soyez intransigeants, puisque aujourd'hui on traite d'intransigeants ceux qui estiment que pour abandonner une cause, un chef, un drapeau, le moment le plus mal choisi est un soir de défaite ; mais comme il ne m'est pas permis d'employer les mots dans une autre acception que celle consacrée par le dictionnaire de l'usage de l'Académie française, et comme elle n'a point encore ratifié cette signification nouvelle... je me bornerai à vous dire : Jeunes gens, soyez fidèles ! Soyez fidèles, quelques-uns à l'héritage que vous avez reçu de vos pères, puisqu'il en est parmi vous dont le nom glorieux rappelle tant de services rendus dans le passé à la cause de la Monarchie, c'est-à-dire à celle de la France, et dont la présence à ce banquet et à cette même table où sont assis de représentants de la jeunesse des écoles et de la jeunesse ouvrière montre que nulle part mieux que dans notre parti on ne pratique la véritable égalité et la fraternité véritable. Mais soyez surtout fidèles à vous-mêmes, à l'idéal que vous avez conçu dès que vous avez été les maîtres de votre pensée et de votre cœur, à cette noble conception d'un gouvernement qui joindrait à tout l'éclat des gloires et des traditions du passé toute l'intelligence des conditions et des nécessités de la France moderne, qui serait vraiment national parce qu'il serait issu des entrailles mêmes de la nation, et vraiment démocratique parce qu'il serait le gouvernement de tous et parce qu'au lieu de traiter, comme le gouvernement de la République, toute une moitié de la France en parias, il convierait aussi bien ses adversaires de la veille que ses amis d'autrefois à faire partie de la grande famille française.

Mais ce que vous êtes, dites-le bien haut, avec la loyauté de votre âge, et ne craignez pas d'exciter jamais la raillerie ou le dédain, car vous avez le privilège d'appartenir à un parti qui a de si glorieux états de service qu'il suffit de se déclarer nettement royaliste, sans qu'il soit besoin d'ajouter une épithète pour que ce nom seul commande le respect. Ne vous contentez pas cependant de ces affirmations isolées. Cherchez-vous les uns les autres. Tâtez-vous les coudes et fondez dans toutes les villes où il n'en existe pas encore une association de jeunesse royaliste qui sera ouverte à tous et qui groupera aussi bien les fils d'ouvriers que les fils de patrons.

Voulez-vous que je vous confie mon rêve ? ce serait que, faisant usage d'une liberté qu'on n'aura pas, je pense, l'audace de nous refuser, alors qu'on l'accorde si large à nos adversaires, nous fondions d'ici à l'année prochaine une association de jeunesse royaliste dans chaque ville où il y aura une loge maçonnique. Ah ! sans doute, je ne peux promettre à ces associations qu'elles auront cette suprême récompense d'être reçues par M. le Président de la République, comme l'ont été récemment les loges maçonniques d'Orléans et de Toulouse, de figurer dans son cortège et de s'entendre remercier par lui des services qu'elles auront rendus à la République; mais je leur en promets une autre qui, pour eux, vaudra peut-être celle-là : c'est que la nouvelle même de leur constitution apportera une joie et une consolation à nos chers exilés et qu'ils recevront de leur gratitude quelqu'un de ces témoignages directs qui ont tant de prix pour nos cœurs de soldats.

Mais ceci dit, j'en arrive au second conseil dont je vous menaçais. Mêlez-vous à la génération dont vous êtes et ne vivez pas en coteries. Respirez à pleins poumons l'air de votre temps et de votre pays. Je sais bien que cet air n'est pas toujours très sain et qu'il est un peu chargé de miasmes; mais la science nous apprend, vous le savez, que les microbes pernicieux qui sont dans l'air ne se développent que quand ils tombent dans un terrain propre à leur culture. Or, je ne crains pas que le microbe républicain se développe dans vos saines poitrines. Recherchez la compagnie de ceux qui ne pensent pas comme vous, et lorsque vous voyez se former autour de vous une grande société, comme par exemple cette Association générale des étudiants, dont le public suit les progrès avec une sympathie si bien méritée, qui proclame sa neutralité politique et qui le constate en faisant à celui qui vous parle en ce moment l'honneur, auquel il a été très sensible, d'inscrire son nom sur la liste d'un comité de patronage; eh bien! prenez-la au mot. Entrez dans ses rangs et, profitant de ce que vous n'êtes pas encore mêlés aux âpres luttes de la politique pour chercher ce qui unit au lieu de ce qui divise, mettez en commun avec les camarades de votre âge, ce qui vous honore tous : l'amour du travail et l'amour du pays.

Mais ce n'est pas encore assez vous étendre et vous élargir à mon gré. Allez plus loin, je serais presque tenté de vous dire : montez plus haut : allez jusqu'au peuple. Inquiétez-vous de ce qu'il sent, de ce qu'il pense, de ce qu'il souffre. Enquérez-vous des conditions de sa vie matérielle et surtout de sa vie morale. Que la formation de ces associations dont je parlais tout à l'heure soit pour vous une occasion de vous mêler à son existence, et préoccupez-vous de les tourner à quelque but qui lui soit utile. Que ceux d'entre vous qui ont l'heureux don de la parole entrent dans ces sociétés de conférences populaires que nos amis se sont préoccupés avec raison de fonder et dont l'existence a fait, au dernier congrès catholique, l'objet d'un rapport si intéressant. Qu'ils prennent la parole devant les ouvriers, et que, suivant cette belle expression d'un de mes confrères de l'Académie française, qui est en même temps un de mes plus chers amis, Eugène-Melchior de Vogüé,

« ils leur fassent la charité de leur science. » Et, comme il le disait dans cette langue dont lui seul a le secret : « Qu'à celui qui a peiné tout le jour sur l'outil ils donnent un peu de pensée, un peu de rêve à emporter le soir. » Mais témoignez au peuple, à l'ouvrier, de votre respect en lui disant toujours la vérité. Ne le flattez pas, flatter n'est pas la manière de bien servir ni prince ni peuple. Ne lui promettez pas ce que vous ne seriez pas un jour en état de lui donner, et pour la solution de ces graves questions qu'aujourd'hui on soulève un peu de tous les côtés, et que ce n'est ni le lieu ni le temps de traiter, exhortez-le à mettre sa confiance moins dans l'intervention, légitime cependant dans une certaine mesure, de l'Etat, que dans lui-même et dans la force qu'il peut tirer de l'association, de la mutualité, de la prévoyance, et j'ajoute dans le devoir qui sera de mieux en mieux pratiqué et compris depuis qu'il a été recommandé, à nous catholiques, par la plus haute autorité morale qui soit au monde, et depuis qu'il a été l'objet d'une ardente sollicitude de la part des privilégiés de la fortune et de la vie à l'égard de ceux auxquels la Providence a départi une moindre part du bien d'en bas, leur réservant peut-être dans ses dispensations mystérieuses la meilleure part des biens d'en haut.

Enfin, jeunes gens, et ceci, je vous le promets, est mon dernier conseil, soyez confiants ! je vous dirais presque, si c'était là matière à conseil, soyez joyeux,

non pas de cette joie bruyante qui n'est pas un grand
crime à votre âge, mais que ce n'est pas à moi d'encou-
rager chez vous, mais de cette joie de l'esprit qui en
marque la force. Défiez-vous de cette funeste disposi-
tion que l'on appelait, au commencement du siècle, la
mélancolie ; qu'on appelle, aujourd'hui, le pessimisme ;
qu'on baptisera peut-être, au vingtième siècle, de quelque nouveau nom, mais qui, de quelque appellation
qu'on la décore, ne sera jamais autre chose qu'une maladie de la volonté. Ne croyez pas cependant que je
méconnaisse ce qu'il y a de noble dans cette tristesse
qui envahit parfois les jeunes gens, lorsque, dès le
seuil de la vie, ils se heurtent au dur contact de la
réalité et lorsqu'ils comparent, pour la première fois,
l'infini de leurs rêves à la médiocrité des choses, car
je ne voudrais pas répondre que je n'aie pas connu, moi
aussi, l'amertume de ces heures. Mais laissez-moi vous
indiquer où est le remède, car je crois l'avoir trouvé.
Il est dans le dévouement et il est dans l'effort. C'est donc
au dévouement et à l'effort que je vous convie, au
dévouement à la plus noble des causes et à l'effort pour
la faire triompher.

Mais la foi est la première condition du dévouement
et de l'effort. Défiez-vous donc de cette autre mode non
moins pernicieuse, de ce dilettantisme de l'esprit qui
affecte de s'incliner avec respect devant toutes les
croyances, mais qui fait ensuite le tour de chacune sans

y jamais pénétrer; car ce n'est là qu'une forme raffinée de cette même maladie dont je parlais tout à l'heure. Sachez non seulement vouloir, jeunes gens, mais sachez croire; car il faut avoir de la volonté dans l'esprit comme dans le caractère, et je ne connais pas de plus admirable définition de la foi que celle-ci : la volonté jointe à la confiance.

Mais ne vous contentez pas de cette foi vague qui recule devant les affirmations formelles et qui se dérobe dès qu'on veut la contraindre à se préciser, et, si vous me permettez de vous sermonner jusqu'au bout, je vous dirai qu'il y a trois choses dont ni les uns ni les autres nous ne devons jamais douter : c'est Dieu, c'est la Liberté, et c'est la France.

Ah ! ce n'est pas au moment où nous soutenons la lutte contre un régime qui de nos lois et de nos mœurs a conçu cette entreprise impie de biffer Dieu, ce n'est pas à ce moment-là que nous pouvons être tentés de douter de Dieu et de sa justice. Et, si parfois elle peut nous sembler lente à venir, n'oublions pas que celui que l'Écriture appelle le Dieu vengeur est aussi celui qu'elle appelle parfois le Dieu patient. Je me souviens d'avoir entendu autrefois un grand orateur, dont le parti républicain a eu raison de pleurer la perte, car il y avait en lui des qualités de largeur d'esprit et de générosité d'âme que nous n'avons jamais retrouvées chez ses pâles successeurs, — c'est Gambetta que je veux dire, —

je me souviens d'avoir entendu un jour Gambetta, à propos de la fatalité qui semblait s'attacher à certains personnages mêlés à une entreprise fâcheuse, parler en termes éloquents « de cette lente justice qui sort des choses mauvaises ». Eh bien ! nous aussi, messieurs, nous aussi, témoins et victimes de tant de choses mauvaises, nous avons confiance dans cette lente justice ; mais le jour où elle s'exercera, nous prions qu'elle s'abatte seulement sur ceux qui l'auront bravée, et qu'elle épargne ce cher pays qui a déjà tant souffert et qui, notre patriotisme se plaira toujours à le répéter, vaut mieux que ses maîtres d'un jour.

Ne doutons pas non plus, messieurs, de la liberté, et n'allons jamais, infidèles héritiers des glorieuses traditions de trente-trois années de Monarchie constitutionnelle, rêver pour notre pays je ne sais quel repos passager autant que trompeur, dans l'oubli de ses fiertés et l'abdication de ses droits. Et d'ailleurs douter de la liberté ne serait-ce pas douter de notre propre cause ? Est-il en effet une liberté que la République n'ait violée ? la liberté électorale, par les abus et les fraudes de la candidature officielle ; la liberté du père de famille, par l'école obligatoire et sans Dieu ; la liberté de conscience, par l'aumônier chassé des hôpitaux et du chevet des mourants ; la liberté d'association, par l'expulsion des congrégations religieuses ; la liberté de la charité et du bien, par la confiscation fiscale de la fortune des pauvres.

Je me trompe cependant. Il y a une liberté qui lui doit beaucoup, c'est celle de l'affiche décolletée et de la carte transparente, du théâtre libre et du roman plus libre encore ; en un mot, tout cet ensemble de licence dévergondée qu'on désignait autrefois d'un mot connu des érudits, mais dont la République a fait un mot de la langue courante : la pornographie. Celle-là, sous la République, fleurit et se développe, en dépit de tentatives intermittentes de répression qui ne pourront jamais être sérieuses ni durables, parce qu'il leur manquera toujours ce qui est le soutien nécessaire de la répression : l'autorité morale.

Mais toutes les autres ! en est-il une seule sur laquelle nos adversaires n'aient porté la main ? En est-il une seule au secours de laquelle nous ne soyons toujours accourus, la liberté religieuse surtout, dont les monarchistes ont toujours été, dont ils demeureront toujours les défenseurs les plus résolus, et l'expérience montrera s'il est facile d'en recruter ailleurs. C'est pourquoi, jeunes gens, toutes les fois qu'on vous dira que vous êtes des réactionnaires, répondez que ce n'est pas là votre nom, que votre nom est tout simplement les monarchistes, mais que votre devise est celle-ci : *Sub lege et rege libertas.*

Mais surtout, messieurs, surtout, ne doutons jamais de la France, car la confiance est la première marque de l'amour, et c'est par l'amour que nous voulons la conquérir. C'est pour cela, jeunes gens, que nous nous adressons à vous, car c'est à votre âge que le langage de l'amour monte le plus facilement du cœur aux lèvres, et c'est ce langage que nous vous demandons de lui parler. Je vous disais tout à l'heure qu'il y avait certaines questions que ce n'était pas ici le temps et le lieu de traiter. Mais c'est toujours le temps et le lieu de parler de la patrie. Je me trompais cependant, et j'ai eu tort, je le confesse, lorsque je vous ai dit que, pour peu qu'on fût mêlé à la vie publique, il n'y avait pas d'attaque à laquelle il ne fallût demeurer insensible. Car il y en a une que je ne vous conseillerai jamais de supporter : c'est qu'on mette en doute, même indirectement, notre patriotisme; et c'est là ce que l'on fait cependant quand on nous adresse des objurgations et quand on nous demande de faire à l'intérêt suprême du pays le sacrifice de nos convictions et de nos espérances monarchiques. Savez-vous, en effet, ce qu'à ces objurgations plus ou moins sincères il nous faut répondre ? C'est que ce sacrifice nous est précisément défendu par notre amour pour le pays.

Quel est, en effet, l'éternel reproche que nous ne cesserons jamais d'adresser à la République ? C'est, je ne dirai pas d'abaisser la France ! — car je ne veux pas, bien que j'en eusse peut-être le droit, après le mot que je vous ai dit tout à l'heure, rendre outrage pour outrage, et d'ailleurs mon pays est trop grand pour qu'une forme de gouvernement quelconque puisse l'abaisser, — mais c'est de limiter son essor et de lui couper les ailes. Ah ! sans doute nos adversaires ont raison quand ils vantent le spectacle admirable qu'a donné depuis vingt ans cette France laborieuse et silencieuse, qui a pansé elle-même ses plaies, acquitté sa cruelle dette, refait son épargne, supporté, sans se plaindre, les charges militaires et financières les plus lourdes, et qui, il y a deux ans, exposait à l'admiration de l'Europe et du monde les merveilles de son génie industriel et artistique, en même temps qu'elle les charmait par les séductions de son hospitalité. Mais les triomphes de cette nature ne suffisent point à notre ambition pour elle. Pour elle notre désir est immense, et nous ne voulons point que les siècles à venir puissent dire ce que le poète latin disait de la Grèce antique, « que, conquise, elle avait conquis son vainqueur et importé ses arts — j'ai failli dire ses tableaux — dans l'agreste Latium ».

Car c'est pour un peuple une forme raffinée de la décadence que de borner à la suprématie industrielle, littéraire ou artistique les rêves de son orgueil. Eh bien ! que faut-il à la France pour échapper à ce péril qui, ne vous y trompez pas, la menace ? Il lui faut un gouvernement qui comprenne l'âme française, cette âme subtile, délicate et fière, dont qui veut s'en rendre maître doit savoir à l'avance deviner et traduire les impres-

sions encore sourdes et confuses, sous peine de les voir
se traduire elles-mêmes en manifestations désordonnées.
Il lui faut un chef en qui elle s'incarne, sans que ce soit
cependant une idole d'un jour, élevée sur le pavois par le
même suffrage et par le même caprice populaire qui la
renversera le lendemain. Il lui faut ce que la noble blessée
de 1814 et de 1815 a été assez heureuse pour trouver :
quelqu'un en qui sa gloire passée et sa grandeur présente se personnifient à ce point qu'il marche de pair
avec les plus grands, comme Louis XVIII, par le seul
fait et le seul droit de sa naissance a, au lendemain de
sa rentrée en France, marché de pair et même pris le
pas sur les souverains ses vainqueurs. Ne reculons pas,
messieurs, devant le vrai mot. Il lui faut un roi !

Un roi qui pacifiquement la remette à son rang en
Europe comme l'avait fait la Restauration, lorsque, dès
le congrès de Vienne, son habile et illustre représentant
était déjà devenu, ou peu s'en faut, l'arbitre des puis-
sances devant la coalition desquelles la France avait
succombé. C'est à ce complément de sa destinée ou
plutôt à ce retour de sa fortune que doit aspirer la France;
et c'est parce qu'elle a le sentiment confus que la République ne saura jamais les lui assurer qu'elle est en proie
à ce malaise inconscient, à cette inquiétude sourde qui
enlève aux plus confiants et aux plus arrogants la sécurité véritable du lendemain. C'est par ce sentiment et non
point par des raisons secondaires et contingentes qu'il

faut expliquer ces brusques soubresauts et ces mouvements impétueux par lesquels elle témoigne son mécontentement.

Est-ce que vous croyez, par exemple, qu'en 1885, lorsqu'elle envoyait inopinément à la Chambre 200 députés qui étaient, quoi qu'on en ait dit, et elle ne s'y trompait pas, des adversaires déclarés de la République, elle entendait seulement, comme on l'a prétendu, protester contre la dilapidation de ses finances et l'expédition du Tonkin? Est-ce que vous croyez qu'il y a trois ans, lorsqu'elle était secouée tout entière par ce frisson de colère et de révolte qui a si fort effrayé nos maîtres et lorsqu'elle semblait disposée à se jeter, je ne sais s'il faut dire aux pieds où à la tête d'un soldat auquel ceux-là prodiguent aujourd'hui le plus d'injures, qui lui prodiguaient jadis le plus d'encens; est-ce que vous croyez que cette colère et cet aveuglement avaient pour unique explication l'indignation qu'avaient pu lui causer certains trafics scandaleux qui n'étaient après tout qu'un incident vulgaire? Non, la cause de ces faits que je viens de rappeler était plus profonde. La cause, c'est que la France avait le sentiment qu'elle s'était imprudemment donnée à une forme de gouvernement contraire à ses traditions, à son tempérament, à son génie; qu'elle en voulait sortir, mais qu'elle ne savait pas par quelle porte, et que, sentant la profondeur de son mal, elle n'en apercevait pas assez clairement le remède.

Cette inquiétude, qui l'agitait si fort hier, semble aujourd'hui apaisée et comme endormie ; mais elle se réveillera demain, ne vous y trompez pas, messieurs qui nous gouvernez, et ne vous laissez pas aller à la sécurité trompeuse des voyages électoraux, des adresses banales, des arcs de triomphe et des feux d'artifice dont successivement tous les gouvernements ont joui. Elle sera réveillée par tel ou tel incident peut-être misérable que ni vous ni moi ne pouvons prévoir, car les grands événements, qui ne naissent pas des petites choses, naissant souvent à propos des petites choses, et la situation est telle qu'il n'y a pas de petit incident qui ne puisse donner naissance à un grand événement. Sans vouloir serrer de trop près une comparaison qui s'impose cependant entre la fin de ce siècle et celle du siècle précédent, et sans méconnaître la grandeur actuelle de la France, on peut dire qu'elle est en proie à la même crise morale et politique qu'elle traversait lorsque, humiliée des intrigues et des corruptions du Directoire, ayant la conscience secrète de sa force et comparant sa gloire passée à la déchéance présente, elle se cherchait elle-même et ne se retrouvait plus, état dangereux dans un grand pays démocratique, parce qu'il l'expose à toutes les aventures, et qui, aux yeux de l'histoire impartiale, explique et peut-être excuse Brumaire.

Le jour où la France sera saisie de cette même inquiétude, en proie à cette même angoisse, ce jour-là, que lui faudra-t-il : un sauveur ? un maître ? Non, messieurs, cent fois non, car pour mon pays je ne crois pas à d'autre sauveur que lui-même, et je ne veux pas d'un maître. Il lui faudra un principe et un homme. Vous savez quel est ce principe : c'est celui du vieux droit historique, rajeuni par un nouveau pacte avec la nation. Vous savez aussi quel est cet homme; vous savez qu'il est son fils. A cette heure que nous prévoyons tous, c'est vers eux que la France se tournera, car d'un irrésistible élan elle se donnera au plus digne et au plus hardi. C'est aussi vers eux, messieurs, que je vous demande de vous tourner, en terminant, pour leur adresser nos hommages et nos vœux, qui leur seront une consolation dans les tristesses de leur exil, et c'est à eux que je pense en vous proposant ce toast qui traduit nos espérances, nos fidélités et notre patriotisme.

Je bois, Messieurs, à l'avenir, à la Monarchie, à la France.

Paris. — Imp. WARMONT (Palais-Royal).

Paris. — Imprimerie WARMONT (Palais-Royal).